Leitfaden Agiles HERMES 5

Matthias Roth
Daniel Kobi
Frank H. Ritz
Hans-Jürg Kleine
Peter Lang

© 2017 eco-HERMES   Themengruppe Agiles HERMES

Autoren:
Hans-Jürg Kleine
Daniel Kobi
Peter Lang
Frank H. Ritz
Matthias Roth

Mitwirkende:
Die Grundlagen wurden in der Themengruppe «Agiles HERMES» erarbeitet.

Leiter:	Matthias Roth
Mitglieder:	Andreas Hamberger
	Hans-Jürg Kleine
	Daniel Kobi
	Peter Lang
	Frank H. Ritz

Qualitätssicherung:
Boris Bäsler
Hans Dijkgraaf

3. Auflage:
Mai 2017

ISBN 978-1547040070

© 2017 eco-HERMES

Ihr Kontakt zu eco-HERMES, zur Themengruppe und zu den Autoren:
eco-HERMES
c/o processCentric GmbH
Serge Schiltz
Unterer Burghaldenweg 5
4410 Liestal
http://www.eco-hermes.ch

Rechte:
Alle Rechte, auch für Übersetzungen, sind vorbehalten. Reproduktion jeglicher Art (Fotokopie, Nachdruck, Mikrofilm, Erfassung auf elektronischen Datenträgern oder andere Verfahren) nur mit schriftlicher Genehmigung des Vereins eco-HERMES. Jegliche Haftung für die Richtigkeit des gesamten Werks wird, trotz sorgfältiger Prüfung durch die Autoren, abgelehnt. Die im Buch genannten Produkte, Warenzeichen und Firmennamen sind in der Regel durch deren Inhaber geschützt.

Über die Autoren

Hans-Jürg Kleine startete seine Karriere im Projektmanagement 1990 bei der Direktion Personenverkehr der SBB. Als Projektleiter für Verkaufssysteme entwickelte er unter anderem die erste Generation der mobilen Zugpersonalgeräte. Nach einem Abstecher in den Journalismus und das Verlagswesen arbeitet er seit 2002 bei der Identitas AG, wo er als Leiter Projekte und Entwicklung die Organisationseinheiten für Projektmanagement und Softwareentwicklung aufgebaut hat.

Daniel Kobi ist Leiter Informatik bei alcosuisse. In den 80er Jahren als Softwareentwickler in der Informatik Fuss gefasst, ist er nach Rollen in Analyse/Design seit 1991 als Projektleiter und Linienmanager tätig. Dabei hat er viele Grossprojekte im Bundesumfeld und bei den SBB nach der HERMES-Methode geführt und ist heute auch Mitglied von eco-HERMES. Er ist eidg. dipl. Wirtschaftsinformatiker, Scrum Master, zertifizierter HERMES Assessor und IPMA Senior Project Manager.

Peter Lang hat langjährige Erfahrung als selbstständiger Projektmanager für IT-Projekte und als Managementberater, QM-Auditor, Projekt-Coach und Trainer in der Schweiz und in Deutschland. Als Mitautor von HERMES SE/SA und V-Modell '97 hat er zahlreiche Behörden und Unternehmen bei der praxisgerechten Anpassung, Einführung und Anwendung von Vorgehensmodellen wie HERMES und V-Modell unterstützt.
Er ist Gründungsmitglied von eco-HERMES. Aktuell führt er verantwortlich den Aufbau und den Einsatz des IT-Portfoliomanagements und des Releasemanagements in der Eidgenössischen Steuerverwaltung ESTV.

Frank H. Ritz ist Geschäftsführender Gesellschafter der Ritz Engineering GmbH. Seit 1983 Applikationsentwicklungen mittels C++, Java EE und SQL-Datenbanken. Schwerpunkt heute sind stark methodisch unterstützte Agilität bei Projektleitung, Business Analyse und Requirements Engineering & Management. Wichtige Zertifizierungen in diesem Bereich (PMI-ACP®, HSPTP, CPRE, OUCP). Methodisch zu Hause in PMI, HERMES, IIBA, IREB, RUP, Scrum, Prince2, Enterprise Architecture. HERMES-Initiativen im Verein eCH, in eco-HERMES, in der Arge (Arbeitsgemeinschaft) „Agile Projekte bei Behörden" und auf HERMES-Veranstaltungen.

Matthias Roth leitet den Bereich Java Lösungen der adesso AG.
Er ist Mitgründer der User Group eco-HERMES und Gründer der Themen-Gruppe Agiles HERMES. Seit 1994 hat er die unterschiedlichsten Rollen, vom Entwickler, Architekten über den Projektleiter bis hin zum Coach und Berater von Projektleitern, in kleinen bis sehr grossen Projekten besetzt. Er leitet die iSchule.ch, in welcher er sein Know-how im Bereich Java-Entwicklung und Projektmanagement weitergibt.

Inhaltsverzeichnis

Kapitel 1: Zweck 7
   Ausgangslage 7
   Ziel 8
Kapitel 2: Grundlagen 9
   Grundsätze und Prinzipien 10
   Rahmenbedingungen und Herausforderungen 12
Kapitel 3: Agiles HERMES 13
   Phasen 16
      Phase Initialisierung 16
      Phasen Konzept, Realisierung und Einführung 17
   Rollen 18
      Product Owner, PO 19
      Scrum Master, SM 20
      Entwicklungs-Team, ET 20
   Ergebnisse 21
      Product Backlog 21
      Initial Product Backlog 21
      Sprint Backlog 22
      Burndown Chart 22
      Impediment Backlog 22
      Definition of Done (DoD) 22
   Meetings 23
      Sprint Planning 1 23
      Sprint Planning 2 23
      Daily Scrum 23
      Review 24
      Retrospektive 24
      Estimation Meeting 25
   Planung 25
      Planung starten 25
      Planen 25
      Neue Product Backlog Items 25
Kapitel 4: Qualitäts- und Risikomanagement 26
   Qualitätsmanagement 26
   Risikomanagement 26

Kapitel 5: Varianten **27**
   Projekt Simpel 27
   Projekt Verschiedene Anwendergruppen 28
   Projekt Neue Technologie / Architektur 29
   Projekt N Entwickler-Teams 30
Kapitel 6: Anhang **32**
   Ergebnisse zu den Varianten 32
      Ergebnisse zur Variante „Simpel" 33
      Ergebnisse zur Variante „Verschiedene Anwendergruppen" 34
      Ergebnisse zur Variante „Neue Technologie / Architektur" 34
      Ergebnisse zur Variante „N Entwickler-Teams" 35
   Begriffe 36

Kapitel 1:
Zweck

Der Leitfaden zeigt auf, wie HERMES 5 Projekte, in denen Software entwickelt wird, durch die Einbindung agiler Methoden in den Phasen Konzept, Realisierung und Einführung nach agilen Prinzipien effizient umgesetzt werden können.

Er soll insbesondere Projektleitern, aber auch allen anderen Projektbeteiligten als Hilfsmittel und Entscheidungsgrundlage für die Initialisierung und Abwicklung von HERMES 5 Projekten mit agilem Vorgehen dienen.

Dabei ersetzt der Leitfaden weder HERMES 5 als zugrunde liegende Projektführungsmethode noch Lehrbücher zu agilen Vorgehensmethoden. Es wird vorausgesetzt, dass diese Methoden weitgehend bekannt sind.

Ausgangslage

HERMES 5 ist die aktuelle Version der Projektführungsmethode des Bundes. Im Weiteren wird nur noch die Bezeichnung HERMES verwendet.

HERMES ist beim Bund und bei bundesnahen Betrieben etabliert. Die Methode hat dazu beigetragen, dass Projekte, auch wenn jedes Projekt einzigartig ist, nach einem festen Muster abgewickelt werden. Die Phasen, Szenarien und Module mit den entsprechenden Ergebnisstrukturen geben sowohl den Projektbeteiligten wie auch allen betroffenen Stellen und Personen einen gewissen Halt und Sicherheit, was die Projektdurchführung betrifft. HERMES ist sehr gut in den Beschaffungs- und Finanzierungsprozessen des Bundes integriert. HERMES wurde in vielen Projekten erfolgreich eingesetzt.

HERMES zeichnet sich wie folgt aus:

- HERMES ist beim Bund und bei bundesnahen Betrieben etabliert.
- Die Methode deckt den gesamten Lifecycle eines Informatikprojektes ab.
- Standardisiertes Vorgehen für unterschiedliche Projekte mit Szenarien wie IT-Individualanwendung, IT-Standardanwendung, IT-Individualanwendung agil usw.
- Klare Definition der Verantwortlichkeiten der einzelnen Rollen.
- Klar definierte Ergebnisse und Entscheidungspunkte.
- Szenarien und Module, um das Projektvorgehen auf die projektspezifischen Bedürfnisse anzupassen.
- Gute Einbindung in die IT-Prozesse des Bundes.
- Erfüllt alle Auflagen für öffentliche Ausschreibungen.

Leitfaden Agiles HERMES 5

Durch das Bestreben von HERMES 5, für möglichst viele IKT-Projekte anwendbar zu sein, ist die Methode ziemlich umfangreich. Ein Projektleiter benötigt gute methodische Kenntnisse, um das richtige Szenario mit den adäquaten Modulen und Ergebnissen auszuwählen.

Das Szenario IT-Individualanwendung agil zeigt grundsätzlich auf wie die agile Methode Scrum in HERMES eingesetzt werden kann. Das Szenario geht aber nicht auf konkrete Projektausgangslagen und daraus resultierende Umsetzungsvarianten ein.

Ziel

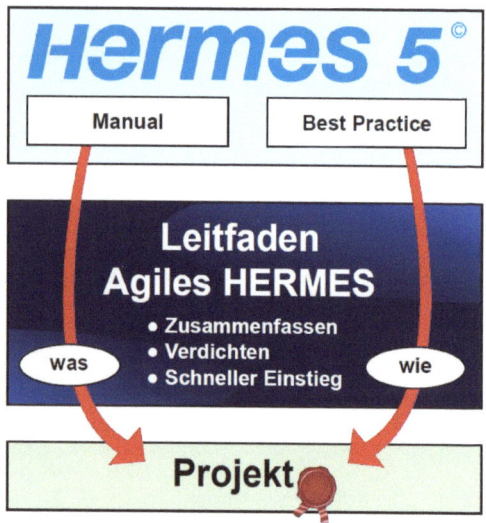

Abbildung 1: Ziel

Ziel des Leitfadens ist es, dem Projektleiter und den Projektbeteiligten eine Wegleitung zur konkreten Durchführung eines agilen Projektes nach HERMES zur Verfügung zu stellen. Für unterschiedliche Projektausgangslagen und Umsetzungsvarianten hinsichtlich Grösse, Komplexität und technischen Voraussetzungen werden das agile Vorgehen und die nötigen Ergebnisse aufgezeigt.

Kapitel 2:
Grundlagen

Unabhängig davon, nach welcher Methode ein Projekt durchgeführt wird, ist der Projekterfolg vorwiegend von den beteiligten Personen abhängig und von deren Überzeugung und Willen, die Projektziele zu erreichen. Die Interaktion zwischen den Beteiligten und eine Zusammenarbeit, welche auf Vertrauen und Hilfsbereitschaft beruht, bilden dabei das Fundament des Projekterfolges.

Wir verweisen daher als erstes, wie alle agilen Methoden, auf das Agile Manifest, in dem genau diese Aspekte hervorgehoben sind:

> *Wir erschliessen bessere Wege, Software zu entwickeln, indem wir es selbst tun und anderen dabei helfen. Durch diese Tätigkeit haben wir diese Werte zu schätzen gelernt:*
>
> **Individuen und Interaktionen** *mehr als Prozesse und Werkzeuge*
>
> **Funktionierende Software** *mehr als umfassende Dokumentation*
>
> **Zusammenarbeit mit dem Kunden** *mehr als Vertragsverhandlung*
>
> **Reagieren auf Veränderung** *mehr als das Befolgen eines Plans*
>
> *Das heisst, obwohl wir die Werte auf der rechten Seite wichtig finden, schätzen wir die Werte auf der linken Seite höher ein.*

[agilemanifesto.org]

Grundsätze und Prinzipien

Der Leitfaden baut auf folgenden Grundsätzen auf:

a. HERMES wird als Projektführungsinstrument verwendet und bildet somit den Rahmen für ein Projekt. Dieser Rahmen beschreibt, **WAS** während eines Projektes zu tun ist. Die Ergebnisse in Dokumentenform werden dabei ausschliesslich aus HERMES übernommen. Es werden aber nur die Ergebnisse verwendet, welche für das Projekt einen Mehrwert bringen. Das Gleiche gilt für die Rollen, es werden die Rollen von Scrum besetzt und nach Bedarf weitere Rollen von HERMES besetzt.
b. Die agilen Methoden wie Scrum und Extreme Programming XP zeigen auf, **WIE** im Projektrahmen effizient gearbeitet werden kann. Die Methoden fokussieren auf die Softwareentwicklung. Die Arbeitspraktiken können aber auch für weitere Aufgaben und Module innerhalb eines Projektes angewendet werden, wie zum Beispiel für: Projektgrundlagen, Beschaffung, Geschäftsorganisation usw.
c. Das Projekt wird nach Abschluss der Phase Initialisierung iterativ abgewickelt. Die Phasen nach der Initialisierung sind für das Entwickler-Team transparent, da es nur bedingt in die Steuerung des Projekts involviert ist und die Steuerung des Entwickler-Teams über das Backlog und die Sprints erfolgt.

Für die Bezeichnung von Rollen, Ergebnissen und Aktivitäten verwenden wir die Begriffe aus der agilen Methode Scrum, in Klammern wird, sofern vorhanden, der entsprechende HERMES-Begriff verwendet.

Kapitel 2: Grundlagen

Es gelten folgende Prinzipien:

1. Alle Ergebnisse und Aktivitäten werden nach «Business Value» priorisiert, also nach dem grösstmöglichen Wert für den Auftraggeber oder für die Zielgruppe des Projektes. Dies gilt für Anforderungen wie auch zum Beispiel für Themen in Sitzungen. Die Priorität ist dabei eindeutig, d.h., es gibt keine Ergebnisse oder Aktivitäten mit gleicher Priorität.
2. Es wird strikt nach den Prioritäten gearbeitet. Das gewünschte Ergebnis mit der höchsten Priorität wird als erstes erarbeitet, oder die Aktivität mit der höchsten Priorität wird als erste durchgeführt.
3. Wenn immer möglich erfolgen Aktivitäten nach dem Timeboxing-Prinzip, d.h., für die Aktivitäten wird ein Zeitrahmen definiert, der nicht überschritten werden darf. Ist der Zeitrahmen erreicht, wird die Aktivität abgebrochen. Bei einer Iteration/einem Sprint bedeutet dies, dass die nicht erstellten Funktionen im Product Backlog neu priorisiert werden.
4. Wiederkehrende Aktivitäten werden in festen Perioden erledigt (tägliche, wöchentliche usw.).
5. Alle erstellten Ergebnisse werden dem Auftraggeber nach Fertigstellung präsentiert, spätestens am Ende der entsprechenden Iteration.
6. Am Ende einer Iteration wird in einer Retrospektive nach Möglichkeiten gesucht, um die Arbeit im Projekt effizienter zu gestalten.
7. Die Softwareentwicklung richtet sich nach dem agilen Vorgehen Scrum. Zum Beispiel werden die Anforderungen für die Softwareentwicklung in einem Product Backlog (Systemanforderungen, Pflichtenheft) geführt und verfeinert.
8. Das kleinste Projekt nach diesem Leitfaden hat folgende Ergebnisse, geordnet nach «Business Value»:
    a. Informatiksystem
    b. Projektauftrag
    c. Product Backlog (Systemanforderungen, Pflichtenheft)
    d. Projektmanagementplan
    e. Sprint Backlog
       (Systemanforderungen, Pflichtenheft für eine Iteration)
    f. Burndown Chart
       (Performance-Messung über den gesamten Projektverlauf)
9. Das kleinste Projekt nach diesem Leitfaden durchläuft die Phasen mit folgenden minimalen Ergebnissen:
    a. Phase Initialisierung: Projektauftrag, Projektmanagementplan, Erstellen des Initial Product Backlogs
    b. Phasen Konzept, Realisierung und Einführung, mit einem Sprint: Sprint Backlog, Burndown Chart, Auslieferung der fertigen Software.

Rahmenbedingungen und Herausforderungen

Die Rahmenbedingungen für ein agiles Projekt unterscheiden sich nicht von den Rahmenbedingungen eines Projektes, welches nach einer anderen Methode vorgeht. Die Projektinitialisierung ist nach wie vor eine der wichtigsten Phasen. Im Projektmanagementplan muss das Vorgehen definiert sein, zum Beispiel mit einer Referenz auf diesen Leitfaden. Der Auftraggeber muss das Vorgehen unterstützen, dies macht er durch die Genehmigung des Projektauftrages, ggf. mit Verweis auf den Projektmanagementplan, und durch die Freigabe der Phase Konzept.

Da agile Vorgehensweisen in der Softwareentwicklung weit verbreitet, aber für die Fachseite der Projektbeteiligten weitgehend unbekannt sind, müssen die Projektbeteiligten geschult werden. Es empfiehlt sich auch, mindestens für die ersten zwei bis drei Sprints einen Coach zu engagieren, welcher die Projektbeteiligten in ihren Rollen unterstützt.

Alle Projektbeteiligten müssen sich als Team verstehen und gut miteinander kommunizieren, auch wenn die Fachseite (Leistungsbezüger) und die technische Seite (Leistungserbringer oder Zulieferer) örtlich voneinander getrennt sind und vorgängig eventuell auch noch nicht zusammengearbeitet haben. Die einzelnen Beteiligten müssen daher über grosse Sozialkompetenz verfügen.

Das Arbeiten nach agilen Vorgehensweisen ist für alle Beteiligten sehr transparent, d.h., es wird schnell ersichtlich, wenn irgendwo im Projekt etwas nicht funktioniert, Probleme auftreten oder der Fortschritt nicht so ist, wie er erwartet wurde. Nicht alle Personen können mit dieser Transparenz umgehen und versuchen zum Teil, beim Auftreten von Problemen gegen dieses transparente Vorgehen zu arbeiten. Diese Transparenz ist aber sehr wichtig. Sie fördert das gegenseitige Vertrauen der involvierten Parteien und ist ein Grundbaustein für erfolgreiche Projekte.

In jedem Projekt treten Probleme auf. Dies ist bei agilen Projekten nicht anders. Gerade aus diesem Grund wickelt man schwierige Vorhaben in Form von Projekten ab, da diese spezielle Organisationsform rascher auf Probleme reagieren kann. Bei nicht agilem Projektvorgehen wird oft versucht, Probleme so lange wie möglich zu vertuschen. Dies ist beim agilen Vorgehen aufgrund der Transparenz der Methode praktisch nicht möglich.

Kapitel 4: Qualitäts- und Risikomanagement   13

Kapitel 3:
Agiles HERMES

Wir zeigen nun Schritt für Schritt, wie HERMES konkret agil umgesetzt werden kann.

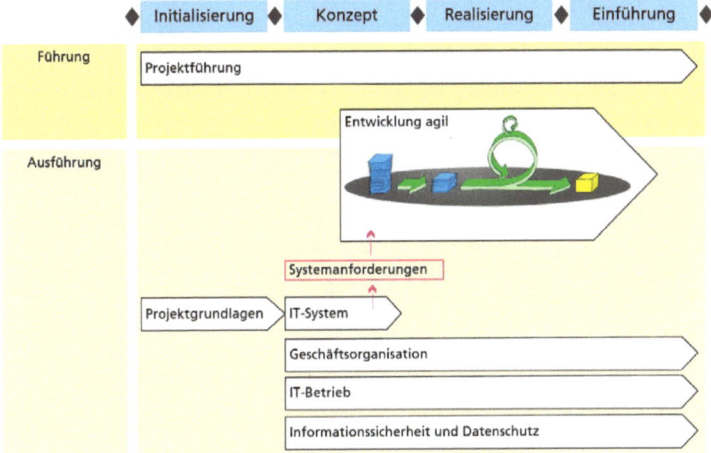

Abbildung 2: Vorgehen aus Sicht HERMES

Bereits bei der Projektfreigabe am Ende der Projektinitialisierung sollte der Auftraggeber entscheiden, ob das Projektvorgehen gemäss diesem Leitfaden erfolgen kann. Es wird daher empfohlen, schon in der Phase Initialisierung den Variantenentscheid zu fällen. Somit kann auch über die Vorgehensart entschieden werden. Soll agil vorgegangen werden, so muss das Vorgehen auch durch die Führung akzeptiert und getragen werden.

Innerhalb eines Sprints werden jeweils Aktivitäten aus den Phasen Konzept, Realisierung und Einführung durchgeführt. Da in der Regel mehrere Sprints für das Erreichen eines Projektzieles nötig sind, werden einzelne Aktivitäten entsprechend mehrmals durchgeführt. Die Vorbereitung der angestrebten Geschäftsorganisation und die Organisation des Betriebes werden in den entsprechenden Modulen parallel zur Entwicklung umgesetzt.

Leitfaden Agiles HERMES 5

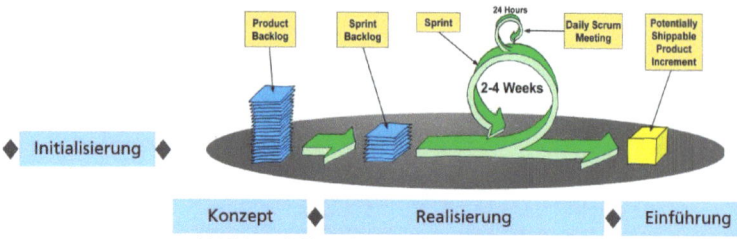

Abbildung 3: Vorgehen aus Sicht Scrum

Aus Sicht von Scrum beginnt die Entwicklung nach Abschluss der Phase Initialisierung in der Phase Konzept, nachdem der Entwicklungspartner festgelegt ist und der Entwicklungsumfang genügend stabil definiert ist, um mit dem ersten Sprint zu starten. Ab diesem Zeitpunkt werden die Arbeiten der Softwareentwicklung nach dem Vorgehen Scrum abgearbeitet. Dafür wird in der Phase Initialisierung oder am Anfang der Phase Konzept ein Initial Product Backlog erstellt.

Die Aufgaben Qualitätssicherung, Änderungsmanagement und Risikomanagement aus dem Modul Projektführung sind dabei fester Bestandteil der Sprints. Weitere Projektführungsaufgaben werden parallel zur Entwicklung nach Scrum erledigt, im Idealfall durch den Product Owner.

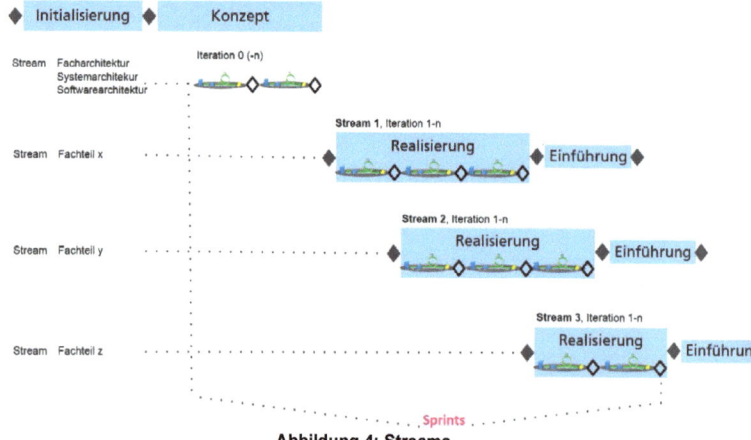

Abbildung 4: Streams

Grössere und komplexe Projekte werden in der Regel mit mehreren Entwicklungs-Teams abgewickelt. Die Entwicklungs-Teams arbeiten an einem gemeinsamen Product Backlog, besitzen aber je ein eigenes Sprint Backlog. Dabei werden die User Stories resp. Anforderungen idealerweise nach fachlichen Kriterien auf die Teams verteilt.

Kapitel 4: Qualitäts- und Risikomanagement 15

Bei solchen Projekten sollte wenn möglich mit *einem* Entwicklungs-Team gestartet werden, mit welchem die Phase Konzept durchlaufen wird. Das Entwicklungs-Team nimmt sich als Erstes der grundlegenden Aufgaben an, d.h. fachliche und technische Grundkonzepte werden anhand erster fachlicher Funktionen umgesetzt. Dies können auf der fachlichen Seite Usability-Konzepte sein und auf der technischen Seite das Zusammenspiel der wichtigsten Frameworks und die Integration der Funktionen auf der Zielplattform.

Besteht Gewissheit über die Zweckmässigkeit und Funktionstüchtigkeit der entsprechenden Grundkonzepte, können mehrere Teams parallel arbeiten, in dem die Phase Realisierung mit mehreren Sprints durchlaufen wird und anschliessend in der Phase Einführung die Produktivsetzung des Releases vollzogen wird.

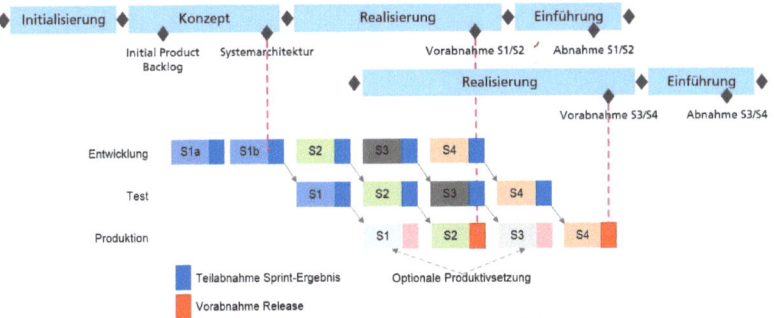

Abbildung 5: Vorgehen & Entscheidungspunkte (Beispiel)

Sprints sind nicht gleichzusetzen mit Releases. Theoretisch könnte jeder Sprint produktiv gesetzt werden (S1). In der Praxis werden mehrere Sprints zusammen in einem Release produktiv gesetzt (Vorabnahme S1/S2).

Die Funktionalität eines Sprints nach der Entwicklung wird oft nicht direkt auf einer Produktivumgebung installiert, sondern zuerst auf einer Testumgebung, auf welcher Integrationstests und Schulungen durchgeführt werden können. Werden noch Fehler festgestellt, so werden diese ins Product Backlog übernommen und in einem Folgesprint je nach Priorität behoben.

In der Projektführung müssen folgende Entscheide gefällt werden

- Formelle Freigabe des Initial Product Backlogs.
  Wie vollständig aus Sicht dieses Zeitpunktes das Product Backlog sein muss, hängt stark von den Rahmenbedingungen ab.
- Formelle Freigabe der Systemarchitektur.
  Hier wird insbesondere geprüft, ob die nicht-funktionalen Anforderungen wie Sicherheit, Wartbarkeit, Erweiterbarkeit und Performance mit der gewählten Architektur sowie den Frameworks und Technologien erfüllt werden können.
- Bei der Vorabnahme wird entschieden, ob das System die genügende Reife in Bezug auf Funktionalität und Stabilität vorweist, um es produktiv beim Endbenutzer einsetzen zu können.
- Mit der Abnahme wird entschieden, ob das System oder Teilsystem durch den Endbenutzer abgenommen und akzeptiert wird.

Phasen

Phase Initialisierung

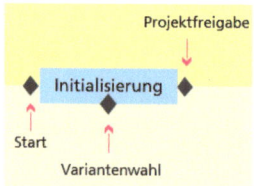

Abbildung 6: Phase Initialisierung

In der Phase Initialisierung werden der Projektauftrag und im Minimum der Projektmanagementplan erstellt. Im Projektmanagementplan in Kapitel 12 ist ggf. auf diesen Leitfaden zu verweisen. Mit der Genehmigung des Projektauftrages gibt der Auftraggeber, ggf. der Projektausschuss, u.a. das Vorgehen gemäss diesem Leitfaden frei.

Wenn die Initialisierung nicht bereits durch den Product Owner durchgeführt wird, so muss in dieser Phase der Product Owner bestimmt werden, da dieser massgeblich für das Erstellen des Initial Product Backlogs zuständig ist.

Damit der grobe Rahmen in Bezug auf Aufwand und Dauer abgeschätzt werden kann, werden die Product Backlog Items grob geschätzt und nach Business Value priorisiert. Beim Bestimmen des Business Values sollten technische Aspekte mit berücksichtigt werden. Die technischen Aspekte können durch den Scrum Master eingebracht werden. Als Regel gilt:

Nicht-funktionale Anforderungen oder globale Anforderungen besitzen in der Regel den grössten Business Value, da bei Nichterfüllen dieser Anforderungen das Produkt resp. die Software meistens unbrauchbar ist.

Kapitel 4: Qualitäts- und Risikomanagement 17

In dieser Phase wird auch entschieden, mit welcher Technologie die Entwicklung erfolgt und auf welchen Plattformen das zukünftige System laufen soll (Bestandteile des Variantentscheids).

Mit der Genehmigung des Projektauftrags wird die Freigabe der Phase Konzept beantragt, in welcher dann nach Scrum gearbeitet wird.

Phasen Konzept, Realisierung und Einführung

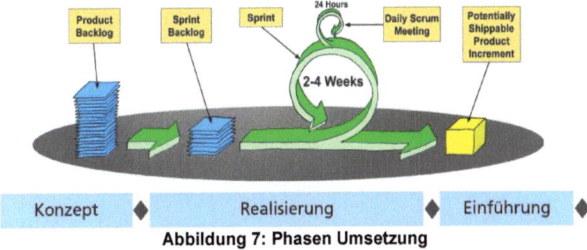

Abbildung 7: Phasen Umsetzung

Im Rahmen der Phasen Konzept, Realisierung und Einführung wird «usable» Software entwickelt. Die Softwareentwicklung folgt dabei dem Softwareentwicklungsprozess nach Scrum.

Rollen

In agilen Projekten gibt es mindestens die drei Rollen Product Owner, Scrum Master und Entwicklungs-Team. Die Verantwortung für die finanziellen, terminlichen und administrativen Aspekte liegt beim Projektleiter. Die Rollen Product Owner und Projektleiter werden häufig von verschiedenen Personen wahrgenommen. Sind für das Projekt weitere Rollen nötig, so werden die Rollenbezeichnungen vorwiegend gemäss HERMES verwendet.

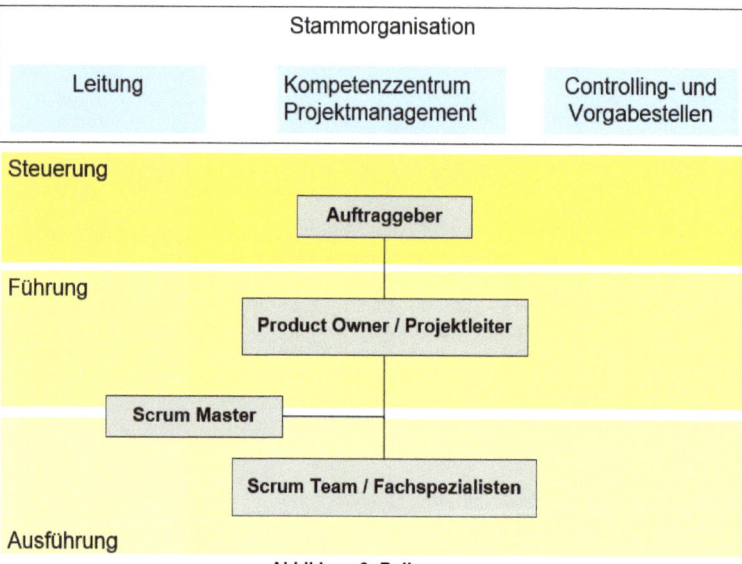

Abbildung 8: Rollen

In den folgenden Abschnitten werden die drei Rollen der agilen Welt beschrieben. In Klammern stehen die möglichen entsprechenden HERMES-Rollen. Besteht im Projekt das Bedürfnis, weitere Rollen oder Rollengruppen aus HERMES in die Projektorganisation aufzunehmen, so ist dies durchaus möglich.

Kapitel 4: Qualitäts- und Risikomanagement

Product Owner, PO
(Projektleiter, Business Analyst, Anwendervertreter, Anwendungsverantwortlicher)

Der *Product Owner* legt das gemeinsame Ziel fest, welches das Team zusammen mit ihm erreichen muss. Zur Definition der Ziele dienen ihm meist User Stories.

Er setzt regelmässig die Prioritäten der einzelnen Product Backlog Items. Dadurch legt er fest, welches die wichtigsten Features sind, aus denen das Entwicklungs-Team eine Auswahl für den nächsten Sprint trifft.

Der Product Owner führt den Entwicklungsaufwand durch die Vermittlung seiner fachlichen Vision für das Team, skizziert Nutzen/Funktion im Product Backlog und priorisiert dieses basierend auf der Wertanalyse. In dieser Rolle muss der Product Owner dem Entwicklungs-Team die Fragen beantworten und die Richtung vorgeben.
Die Scrum-Werte Selbstorganisation und als Ergebnis den eigenen Aktionsplan zu erstellen, muss der Product Owner respektieren. Dies bedeutet, dass es dem Product Owner verboten ist, das Sprint Backlog während des Sprints zu verändern. Der Umfang eines Sprints sollte unberührt bleiben. Allerdings kann das Entwicklungs-Team den Product Owner ersuchen, weniger Anforderungen geringerer Priorität während eines Sprints zurückzustellen oder zusätzliche Anforderungen zur Umsetzung zur Verfügung zu stellen. Auch wenn sich die Anforderungen ändern oder eine konkurrierende Organisation ein neues Produkt zur Verfügung stellt, welches die Arbeit des Entwicklungs-Teams überflüssig machen würde, kann der Product Owner bis zum nächsten Planning Meeting nichts an der Sprint-Planung ändern, er kann allerdings den laufenden Sprint jederzeit abbrechen.

Darüber hinaus ist es in der Verantwortung des Product Owners, zu prüfen, welche Massnahmen den meisten geschäftlichen Nutzen erzeugen. Der Product Owner muss konsequent und proaktiv prüfen, welche Funktionen eines Produktes am wichtigsten sind und wann sie entwickelt werden. So wie das Entwicklungs-Team die ausgehandelte Arbeit für den Product Owner erledigen und das entsprechende Ergebnis produzieren muss, muss der Product Owner das Produkt an den Kunden liefern.

Dem Product Owner obliegen folgende Aufgaben:

- Definiert die fachliche Funktionalität in Form von User Stories
- Definiert die Qualitätsanforderungen
- Legt die Reihenfolge der Umsetzung fest (aus fachlicher Sicht)
- Nimmt die umgesetzten Funktionen ab
- Koordiniert die Funktionalität
- Sichert die Qualität der User Stories
- Weist die User Stories den Entwicklungs-Teams zu

Scrum Master, SM
(Business Analyst, IT-Architekt, Entwickler)

Der Scrum Master hat die Aufgabe, die Aufteilung der Rollen und Rechte zu überwachen. Er hält die Transparenz während der gesamten Entwicklung aufrecht und unterstützt dabei, Verbesserungspotenziale zu erkennen und zu nutzen.

Er ist keinesfalls für die Kommunikation zwischen Entwicklungs-Team und Product Owner verantwortlich, da diese direkt miteinander kommunizieren.

Er steht dem Entwicklungs-Team zur Seite, ist aber kein Product Owner. Der Scrum Master sorgt mit allen Mitteln dafür, dass das Entwicklungs-Team produktiv ist, also die Arbeitsbedingungen stimmen und die Entwicklungs-Teammitglieder zufrieden sind. Er tritt somit für die ordnungsgemässe Durchführung und Implementierung von Scrum im Rahmen des Projektes ein.

Dem Scrum Master obliegen folgende Aufgaben:

- Garantiert die Einhaltung des Scrum-Prozesses
- Moderiert die Entwicklungs-Teams
- Löst Probleme für das Entwicklungs-Team resp. den Scrum-Prozess

Entwicklungs-Team, ET
(Entwickler, IT-Architekt, Tester, Geschäftsprozessverantwortlicher, Fachausschussmitglied, Business Analyst, Anwendervertreter, Betriebsverantwortlicher, Anwendungsverantwortlicher)

Das Entwicklungs-Team hat die Aufgabe, die Software / das Produkt zu erstellen, und besteht aus allen dafür notwendigen Rollen. Dem Entwicklungs-Team obliegen folgende Aufgaben:

- Implementiert die Funktionalität der User Stories gemäss Sprint Backlog
- Hält dabei die Guidelines ein
- Stellt die Einhaltung der Qualitätsanforderungen sicher
- Dokumentiert seine Arbeit transparent am Scrum Board
- Formuliert technische Tasks im Rahmen von User Stories
- Definiert und dokumentiert das System (technische Dokumentation)
- Dokumentiert das System (fachliche Dokumentation)
- Schätzt Aufwände

Kapitel 4: Qualitäts- und Risikomanagement

Ergebnisse

Benötigte Dokumente, welche für das Projekt einen Mehrwert bringen, werden grundsätzlich aus HERMES übernommen.

In den folgenden Kapiteln werden die Scrum-spezifischen Ergebnisse beschrieben.

Product Backlog

Das Product Backlog repräsentiert in Form einer Liste die Product Backlog Items. Die Backlog Items können Anforderungen in irgendeiner Form sein, sei es eine Formulierung mit Textschablonen, wie z. B. einer User Story nach dem Muster:

*«Als Anwender mit der Rolle x
benötige ich die Funktionalität,
damit ich den Nutzen y erhalte»*

oder in einer anderen geeigneten Form, welche dem Product Owner als Gedächtnisstütze für das Sprint Planning 1 dient oder den Sachverhalt den Entwicklern verständlich macht. In welcher Form und wie fein granular die Product Backlog Items sind, hängt stark vom Projekt ab und von der Art, wie der Product Owner arbeitet. Dabei ist folgende Aussage zu beachten:

«In einem Scrum-Projekt sollte niemand davon ausgehen, dass das Backlog Item etwas aussagt, was unbesprochen geliefert werden kann.»

Die Product Backlog Items werden nach deren Wichtigkeit (Business Value) priorisiert in einer Liste geführt.

Das Product Backlog wird üblicherweise in Story Points geschätzt. In der Regel wird diese Schätzung mit der Methode Planning Poker durch das Team erstellt. Die Story Points stellen den relativen Aufwand der Product Backlog Items untereinander dar. Die Schätzung wird nach dem Erstellen des Initial Product Backlogs vorgenommen und in regelmässigen Estimation Meetings während der Sprints.

Initial Product Backlog

Das Initial Product Backlog wird in der Phase Initialisierung erstellt und bildet den Startpunkt für die Entwicklung nach Scrum. Damit der Product Owner eine erste Priorisierung vornehmen kann, muss das gesamte Initial Product Backlog grob geschätzt werden, so dass die Dimensionen in Bezug auf die Komplexität für die Umsetzung sichtbar werden.

Wird von einem Auftragnehmer ein Festpreis verlangt (WTO, Werkvertrag), so muss das Initial Product Backlog bereits sehr detailliert erstellt werden.
Neue Funktionen, welche zu einem späteren Zeitpunkt in das Product Backlog aufgenommen werden, unterliegen dann einem klassischen Changeprozess.

Wird das Projekt nach Aufwand abgewickelt, so muss das Initial Product Backlog so weit detailliert sein, dass ein Kostenrahmen abschätzbar ist und eine Anzahl von Sprints geschätzt werden kann.

Sprint Backlog

Das Sprint Backlog enthält alle Aufgaben, die notwendig sind, um das Ziel des Sprints zu erfüllen. Eine Aufgabe sollte dabei innerhalb eines Tages erledigt werden können. Längere Aufgaben sollten in kürzere Teilaufgaben zerlegt werden. Bei der Planung des Sprints werden nur so viele Aufgaben eingeplant, wie das Entwicklungs-Team in diesem Sprint für realistisch durchführbar hält. Üblicherweise wird dies aus der Geschwindigkeit des vorangegangenen Sprints geschätzt.

Burndown Chart

Das Burndown Chart ist eine grafische, pro Tag zu erfassende Darstellung des noch zu erbringenden Restaufwands pro Sprint. Im Idealfall fällt die Kurve kontinuierlich (daher Burndown genannt), und der Restaufwand ist am Ende des Sprints gleich Null. Das Chart lässt anhand der vorausschauenden Verlängerung des Gefälles der Kurve bereits während des Sprints erkennen, ob der anfangs geschätzte Aufwand umgesetzt werden kann.

Es ist möglich, mehrere Burndown Charts zu führen. Zum Beispiel ein Sprint Burndown Chart, welches dem Entwicklungs-Team dient, und ein Stream Burndown Chart, welches dem Product Owner dient, mit welchem er abschätzen kann, ob der entsprechende Stream in den vorgesehenen Anzahl Sprints die Funktionen umsetzen kann.

Impediment Backlog

In das Impediment Backlog werden alle Hindernisse des Projekts eingetragen. Der Scrum Master ist dafür zuständig, diese gemeinsam mit dem Team auszuräumen.

Definition of Done (DoD)

In der Definition of Done wird festgehalten, welche generellen Voraussetzungen beim Review Meeting erfüllt sein müssen, damit die Funktionalität vom Product Owner abgenommen wird. Dies können zum Beispiel Angaben zur Testabdeckung sein oder zur Umgebung, auf welcher die Funktionalität vorgeführt werden muss, oder einzuhaltende Codier-Richtlinien oder weitere Merkmale.

Die Definition of Done ist nicht eine mehrseitige Auflistung von Dingen, die getan werden müssen, um einen Task auf erledigt zu setzen. Wie immer, wenn es darum geht, Qualitätsmerkmale zu definieren, muss man Schwerpunkte setzen. Die Definition of Done muss auf dem Scrum Board oder neben dem Scrum Board Platz haben. Sie ist in der Regel sehr kurz gehalten und kann also nicht grösser als eine A4-Seite sein, die auch aus drei Metern Entfernung lesbar ist.

Kapitel 4: Qualitäts- und Risikomanagement

Beispiele sind:
1. Alle Unit-Tests laufen ohne Fehler auf der Integrationsumgebung durch.
2. Die Testabdeckung ist > 60%.
3. Ein zweiter Entwickler hat die Funktion getestet resp. es wurde ihm die Funktion demonstriert und der Code gezeigt (Vier-Augen-Prinzip).

Meetings

Sprint Planning 1

In diesem Treffen, welches maximal vier Stunden dauert, erklärt der Product Owner dem Entwicklungs-Team so viele Backlog-Einträge, wie das Entwicklungs-Team glaubt, im nächsten Sprint umsetzen zu können. Ausserdem einigt er sich mit dem Entwicklungs-Team auf das Sprintziel. Dieses Sprintziel bildet nach dem Sprint die Basis für die Abnahme. Die am höchsten priorisierten Einträge des Product Backlogs werden entsprechend dem Ergebnis des Treffens in den Sprint Backlog übernommen.

Sprint Planning 2

Dieses Treffen, welches maximal vier Stunden dauert, organisiert das Entwicklungs-Team eigenverantwortlich. Hier werden die ausgewählten Product Backlog Items in Tasks zerlegt und die Komplexität mittels Story Points geschätzt. Nach dem Sprint Planning 2 ist klar, welche Product Backlog Items effektiv im nächsten Sprint abgearbeitet werden können, basierend auf der Schätzung der Tasks und der Velocity des entsprechenden Entwicklungs-Teams. Die Velocity wird basierend auf dem vorgängigen Sprint berechnet und entspricht den Story Points, welche beim letzten Sprint abgearbeitet wurden. Im ersten Sprint, wo noch keine Messung vorliegt, wird die Velocity vom Entwicklungs-Team geschätzt.

Daily Scrum

An jedem Tag findet ein kurzes (maximal 15-minütiges) *Daily Scrum* statt.

Scrum definiert keine konkrete Uhrzeit für das Meeting, das Meeting sollte jedoch täglich zur gleichen Zeit stattfinden. Empfohlener Zeitpunkt für das Scrum Meeting ist die Zeit nach dem Mittagessen, da morgendliche Scrum Meetings oft mit flexiblen Gleitzeitregelungen kollidieren und der müde Punkt nach dem Mittagessen bei einem Scrum Meeting, das durchaus im Stehen abgehalten werden kann, nicht so stark ins Gewicht fällt wie bei anderen Tätigkeiten. Die Meetings sind so kürzer als am Morgen, weil allgemeine Dinge und Neuigkeiten schon vorher diskutiert wurden und die Mitarbeiter mit dem Kopf ganz bei der Arbeit sind.

Jedes Teammitglied beantwortet die folgenden Fragen:

- Welche Aufgaben hast du seit dem letzten Meeting fertiggestellt?
- Welche Aufgaben wirst du bis zum nächsten Meeting bearbeiten?
- Gibt es Probleme, die dich bei deinen Aufgaben behindern?

Die Sitzung dient dem Informationsaustausch des Teams untereinander. Hier geht es darum, dass möglichst alle alles wissen. Falls neue Hindernisse erkannt wurden, müssen diese vom Scrum Master bearbeitet werden. Dazu werden sie in den Impediment Backlog eingetragen. Im Daily Scrum haben nur die Teammitglieder und der Scrum Master eigenständiges Rederecht; alle anderen Zuhörer (Interessierte, z. B. Product Owner, Vorgesetzte, Kunden, Gäste, andere Entwicklungs-Teams) reden nur, wenn sie gefragt werden.

Grössere Projekte werden durch das Einführen von Scrum-of-Scrum-Meetings, Product Owner Daily Scrums und Scrum Master Weekly gesteuert.

Review

In einem Review-Meeting, welches maximal vier Stunden dauert, wird nach einem Sprint das Sprint-Ergebnis einem informellen Review durch das Entwicklungs-Team und durch den Product Owner unterzogen. Dazu wird das Ergebnis des Sprints (i.d.R. die laufende Software) vorgeführt, eventuell werden technische Eigenschaften präsentiert. Der Product Owner prüft, ob das Sprintergebnis seinen Anforderungen entspricht. Eventuelle Änderungen können in Form von Erweiterungen, Umpriorisierungen oder durch das Entfernen von Elementen aus dem Product Backlog dokumentiert werden.

Retrospektive

In der Retrospektive, welche maximal drei Stunden dauert, wird die zurückliegende Sprintphase betrachtet. Es handelt sich dabei nicht um «Lessons Learned», sondern um einen zunächst wertungsfreien Rückblick auf die Ereignisse des Sprints.

Das Team und der Scrum Master stellen sich folgende Fragen:

- Was war gut?
- Was könnte verbessert werden?

Jedes Verbesserungspotenzial wird priorisiert und einem Verantwortungsbereich (Entwicklungs-Team oder Organisation) zugeordnet. Alle der Organisation zugeordneten Themen werden vom Scrum Master aufgenommen und ins Impediment Backlog eingetragen. Alle Scrum-Team-bezogenen Punkte werden ins Product Backlog aufgenommen. Unabhängig davon, wie die Retrospektive gestaltet wird, ist es das Ziel, den vergangenen Sprint zu beleuchten und daraus zu lernen.

Kapitel 4: Qualitäts- und Risikomanagement

Estimation Meeting
In der Regel wird pro Sprint einmal ein Estimation Meeting abgehalten, in dem der Product Owner neue Einträge im Product Backlog vorstellt, so dass das Entwicklungs-Team eine grobe Schätzung vornehmen kann.

Die Schätzung ist für den Product Owner ein wichtiges Hilfsmittel, um die Priorisierung der einzelnen Einträge vornehmen und den Gesamtaufwand des Projektes abschätzen zu können.

Als Werkzeuge zum Schätzen eignen sich Planning Poker oder Smart Poker. Mit den Werkzeugen wird nicht direkt der Aufwand in Stunden oder Tagen geschätzt, sondern die Komplexität mittels Story Points.

Planung
Ein Plan dient dazu, einen Weg zum angestrebten Ziel aufzuzeigen, um während der Reise Abweichungen sichtbar zu machen und wenn nötig bewusst neue Ziele definieren zu können.

Die Planung wird durch den Product Owner erstellt. Der Scrum Master kann den Product Owner unterstützen.

Planung starten
Beim Erstellen des Initial Backlogs werden die Items priorisiert. Danach wird jedes Item grob geschätzt. Anhand der Schätzung kann die Menge der benötigten Sprints festgelegt werden.

Damit die fachlichen Tester wissen, ab welchem Zeitpunkt sie mit einem Fachthema rechnen können, ist es möglich, die Sprints auch bereits mit einem Thema gemäss Prioritäten des Product Backlogs zu belegen. Ein Thema entspricht dabei einer Sammlung von Product Backlog Items.

Planen
Während des Projekts kann nun bei jedem Sprint, bei der Initialisierung nach dem Planning Meeting 2, die Planung überprüft und angepasst werden. Dabei werden die Anzahl der geplanten Sprints überprüft und die Themen pro Sprint angepasst.
Für alle Projektbeteiligten ist so ersichtlich, ob mehrere Sprints benötigt werden oder die Themen der Sprints verschoben oder umpriorisiert werden.

Neue Product Backlog Items
Es liegt in der Natur eines Softwareprojekts, dass während des Projekts neue Funktionen oder ganze Themen auftauchen, an die bei der Initialisierung des Projektes niemand gedacht hat. Die Themen oder Funktionen werden ins Product Backlog übernommen. Die neuen Items werden durch das

Entwicklungs-Team in einem Estimation Meeting während eines Sprints geschätzt.

Kapitel 4:
Qualitäts- und Risikomanagement

Qualitätsmanagement

Um die Qualität der Ziele und Anforderungen sicherzustellen, empfiehlt es sich, während der Phase Initialisierung eine klassische Qualitätskontrolle resp. einen Freigabeprozess zu etablieren.

Für die Qualität des Informatiksystems während der Phasen Konzept, Realisierung und Einführung ist das Entwicklungs-Team verantwortlich. Die Qualitätserwartung des Product Owners wird in der Definition of Done festgehalten. In der Definition of Done wird festgehalten, welche generellen Voraussetzungen beim Review Meeting erfüllt sein müssen, damit die Funktionalität vom Product Owner abgenommen wird. Dies können zum Beispiel Angaben zur Testabdeckung sein oder zur Umgebung, auf welcher die Funktionalität vorgeführt werden muss, sowie weitere Merkmale.

Die Qualität für die Endbenutzer, also ob das System brauchbar und für den täglichen Einsatz geeignet ist, muss klassisch durch fachliche Tests erhoben und überprüft werden.

Risikomanagement

Risiken werden grundsätzlich durch das agile Vorgehen minimiert. Durch die Priorisierung der Anforderungen nach Business Value werden hohe Risiken automatisch früh angegangen, wenn die Risikobewertung richtig gemacht wird.

Es ist wichtig, dass bei der Bewertung der Risiken sowohl der Product Owner und die Anwender einbezogen werden als auch der Scrum Master und das Entwicklungs-Team.

Ein Risiko muss immer mit Kosten und Eintrittswahrscheinlichkeit bewertet werden. Das Produkt der beiden Werte ergibt den Business Value. Damit werden die Massnahmen, mit welchen dem Risiko entgegengewirkt wird, priorisiert.

Die aus den Massnahmen abgeleiteten Aufgaben oder erweiterten Anforderungen werden dem Business Value entsprechend im Product Backlog priorisiert aufgenommen.

Kapitel 5:
Varianten

Im Folgenden werden vier Varianten vorgestellt:

- Projekt Simpel
- Projekt Verschiedene Anwendergruppen
- Projekt Neue Technologie / Architektur
- Projekt N Entwickler-Teams

Diese Varianten dienen als Rahmen für die verschiedenen beschriebenen Vorgehensmöglichkeiten und sollen dem leichteren Verständnis dienen.
Je nach Risiken und Eigenschaften eines konkreten Projektes ist es möglich, verschiedene Varianten zu kombinieren.

Projekt Simpel

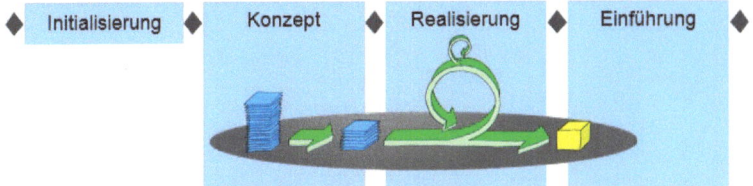

Abbildung 9: Projekt Simpel

In einem Projekt Simpel ist der Umfang von Anfang an für alle Beteiligten klar ersichtlich. Es besteht weitgehend Konsens bei allen Beteiligten darüber, welche Ziele erreicht werden müssen. Es existieren nur beschränkt Risiken in Bezug auf die Technologie und die Umsetzung.

Eigenschaften:
- Klare Vision des Auftraggebers.
- Alle Stakeholder sind sich über die zu erreichenden Ziele einig.
- Die Infrastruktur, auf welcher das zukünftige System laufen soll, ist bekannt und wird für andere Systeme bereits vom vorgesehenen Betreiber eingesetzt.
- Es wird nur *ein* Entwicklungs-Team mit maximal acht Personen benötigt.
- Der grösste Teil des Entwicklungs-Teams hat bereits agil zusammengearbeitet und ein ähnliches System mit der gleichen Technologie erstellt.

Risiken:
- Es bestehen keine grösseren Risiken bezüglich Anforderungen und Technologie.

Vorgehen:
Bereits in der Phase Initialisierung wird das Initial Product Backlog erstellt. Der Auftraggeber entscheidet über die Realisierung. In den folgenden Phasen wird das System erstellt und eingeführt. Es ist auch in dieser Variante denkbar resp. empfohlen, dass mehrere Versionen oder Releaseeinheiten bis zum Anwender ausgerollt werden.

Ergebnisse: Siehe Anhang Tabelle 1: Ergebnisse zur Variante „Simpel"

Projekt Verschiedene Anwendergruppen

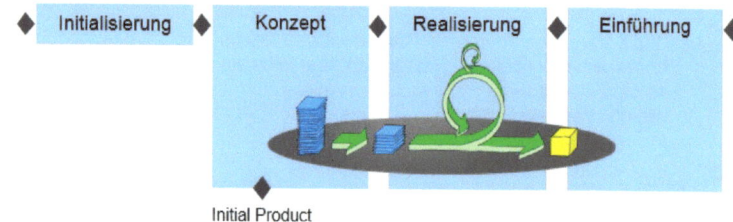

Abbildung 10: Projekt Verschiedene Anwendergruppen

In einem Projekt mit verschiedenen Anwendergruppen muss für die Erarbeitung einer konsolidierten Sicht auf das Problem und die einheitliche Vorstellung über die Ziele für das Softwaresystem genügend Zeit eingeplant werden. Die Vision und die Ziele sowie die Anforderungen für das Initial Product Backlog müssen Schritt für Schritt erarbeitet werden, damit keine Unterbrechung bei der Entwicklung durch langwierige Abklärungen des Product Owners riskiert wird.

Eigenschaften:
- Es existieren verschiedene Anwendergruppen, welche verschiedene Meinungen über den Zweck und die Ziele des zu erstellenden Softwaresystems haben.
- Die Vision steht nicht von vornherein fest und muss mit dem Auftraggeber erarbeitet werden.
- Die Infrastruktur, auf welcher das zukünftige System laufen soll, ist bekannt und wird für andere Systeme bereits vom vorgesehenen Betreiber eingesetzt.
- Es wird nur ein Entwicklungs-Team mit maximal acht Personen benötigt.
- Der grösste Teil des Entwicklungs-Teams hat bereits agil zusammengearbeitet und ein ähnliches System mit der gleichen Technologie erstellt.

Risiken:
- Es bestehen Risiken bezüglich der Festlegung konsolidierter Ziele sowie der Anforderungserhebung.
- Es bestehen keine Risiken bezüglich vorgesehener Technologien.

Vorgehen:
Die Phase Initialisierung wird gemäss HERMES durchlaufen. Es kann durchaus sein, dass während der Initialisierung und beim Start der Phase Konzept noch kein Product Owner, Scrum Master und Entwicklungs-Team existiert resp. bestimmt wurde. Dies kann durchaus erst in der Phase Konzept geschehen. Da die Technologien in dieser Variante bekannt sind, muss in der Phase Konzept kein Entscheid über die Architektur getroffen werden, resp. dieser Entscheid wird bereits in der Phase Initialisierung getroffen. Es ist auch in dieser Variante denkbar resp. empfohlen, dass mehrere Versionen oder Releaseeinheiten bis zum Anwender ausgerollt werden.

Ergebnisse: Siehe Anhang Tabelle 2: Ergebnisse zur Variante „Verschiedene Anwendergruppen"

Projekt Neue Technologie / Architektur

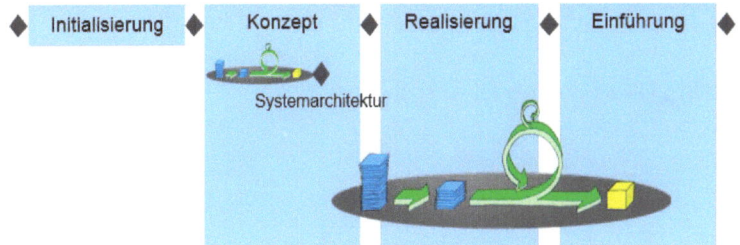

Abbildung 11: Projekt Neue Technologie / Architektur

In dieser Variante gehen wir davon aus, dass wie bei der Variante Simpel die Vision und die Ziele von vornherein klar sind, die Herausforderung aber in neuen Technologien liegt, die für das Team neu sind oder in einer neuen Version benutzt werden. Es kann auch sein, dass die Technologien bekannt sind, aber die Architektur neu für das Team ist. In diesem Fall können nicht-funktionale Anforderungen wie Antwortzeitverhalten oder Stabilität nicht bei einem bestehenden System verifiziert werden.

Eigenschaften:
- Klare Vision des Auftraggebers.
- Alle Stakeholder sind sich über die zu erreichenden Ziele einig.
- Die Infrastruktur, auf welcher das zukünftige System laufen soll, ist nicht bekannt, oder die vorgesehenen Softwarekomponenten sind neu, oder die gewählte Architektur ist für den Anwendungsbereich neu.

Risiken:
- Es bestehen keine Risiken bezüglich Anforderungen resp. des Erhebens konsolidierter Ziele und Anforderungen.
- Es bestehen Risiken bezüglich vorgesehener Technologien.

Vorgehen:
Wie in der Variante Simpel wird bereits in der Phase Initialisierung das Initial Product Backlog erstellt.

In den ersten Sprints müssen die nicht-funktionalen Anforderungen verifiziert werden. Dies wird immer durch *ein* Entwicklungs-Team gemacht. Die Resultate müssen dem Product Owner vorgelegt werden, damit er die Freigabe für die Entwicklung der restlichen Funktionen gibt.

Das bedeutet, dass die Freigabe für die Entwicklung in zwei Schritten erteilt wird. Nach der Phase Initialisierung erfolgt die Freigabe für die ersten Sprints, in welchen ein Teil der Anforderungen umgesetzt wird, mit dem Ziel, die Erfüllbarkeit der nicht-funktionalen Anforderungen mit der zugrunde liegenden Technologie resp. Architektur zu beweisen. Ist der Product Owner resp. Projektleiter von den vorgelegten Resultaten überzeugt, erfolgt die Freigabe für die Entwicklung der restlichen Anforderungen.

Ergebnisse: Siehe Anhang Tabelle 3: Ergebnisse zur Variante „Neue Technologie / Architektur"

Projekt N Entwickler-Teams

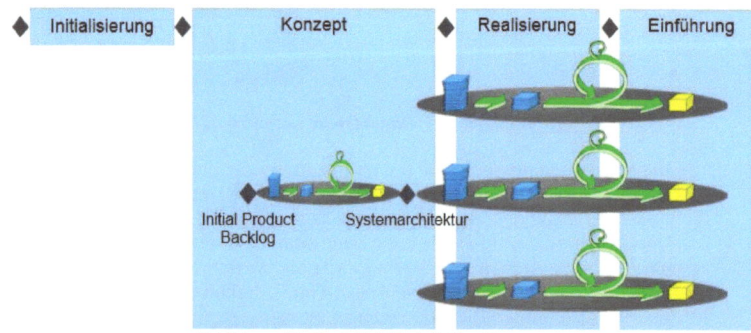

Abbildung 12: Projekt N Entwickler-Teams

In dieser Variante wird mit mehreren Entwicklungs-Teams das System erstellt. Wir gehen in dieser Variante auch davon aus, dass mehrere Anwendergruppen bestehen. Die Variante entspricht in der Regel einem mittleren bis grossen Projekt.

Kapitel 5: Varianten

Eigenschaften:
- Es existieren verschiedene Anwendergruppen, welche verschiedene Vorstellungen vom Zweck und von den Zielen des zu erstellenden Softwaresystems haben.
- Die Vision steht nicht von vornherein fest und muss mit dem Auftraggeber erarbeitet werden.
- Die Entwicklung erfolgt mit mehreren parallel arbeitenden Entwicklungs-Teams, ggf. fachlich organisiert in mehreren Streams.

Risiken:
- Es bestehen Risiken bezüglich Anforderungen resp. des Erhebens konsolidierter Ziele und Anforderungen.
- Es bestehen Risiken bezüglich koordinierten Vorgehens und einheitlichen Umsetzens der Anforderungen.
- Es können auch Risiken bezüglich Stabilität und Antwortzeitverhalten bestehen.

Vorgehen:
Die Phasen Initialisierung erfolgt analog zur Variante Verschiedene Anwendergruppen.

Damit mit parallelen Entwicklungs-Teams gearbeitet werden kann, muss eine gemeinsame Vorstellung über die Umsetzung der Anforderungen und eingesetzten Entwicklungstechniken und der Entwicklungsart bestehen. Dies ist am einfachsten zu erreichen, wenn bereits ein paar Anforderungen umgesetzt wurden. Wie bei Variante Neue Technologie / Architektur werden zuerst mit einem Entwicklungs-Team die ersten Anforderungen in ein oder mehreren Sprints umgesetzt, nach dem das Initial Product Backlog freigegeben wurde. Die Funktionalität und der dafür entwickelte Code dienen als Richtlinie für die anderen Entwicklungs-Teams. Die Entwicklung wird in zwei Schritten freigegeben, da beim Starten der parallelen Entwicklungs-Teams die Freigabe von vielen Ressourcen erfolgt. Die Freigabe erfolgt durch den Product Owner resp. Projektleiter in Absprache mit dem Auftraggeber.

Ergebnisse: Siehe Anhang Tabelle 4: Ergebnisse zur Variante „N Entwickler-Teams"

Kapitel 6:
Anhang

Ergebnisse zu den Varianten

Auf den folgenden Seiten werden die möglichen Ergebnisse der Varianten aufgezeigt. In der Spalte V wird die verantwortliche Rolle angegeben. In der Spalte Modul ist das HERMES-Modul angegeben, in welchem das Ergebnis enthalten ist.

Die angegebene Phase, in welcher die Ergebnisse aufgeführt sind, markiert den Initialzeitpunkt des Ergebnisses. In einem iterativen Vorgehen werden alle Ergebnisse bei Bedarf laufend verfeinert und angepasst.

Bei der Auflistung der Rollen wird verdeutlicht, wie die Rollen von Scrum und HERMES verwendet werden können. Mit Ausnahme der Variante Simpel ist auch der Übergang einer HERMES-Rolle in eine Scrum-Rolle aufgezeigt, in dem in der Phase Konzept der Projektleiter (PL) durch den Product Owner (PO) ersetzt wird. Diese können gemäss dem Rollengedanken durchaus dieselbe Person sein, welche ab einem gewissen Zeitpunkt eine andere Rolle einnimmt.

Ergebnisse zur Variante „Simpel"

Ergebnis	V	Modul
Phase Initialisierung		
Projektmanagementplan	PL	Projektführung
Studie	PL	Projektgrundlagen
Rechtsgrundlagenanalyse	PL	Projektgrundlagen
Schutzbedarfsanalyse	ISDSV	Projektgrundlagen
Systemarchitektur	Arch	IT-System
Initial Product Backlog	PO	Entwicklung Agil
Migrationskonzept	Arch	IT-Migration
Projektauftrag	PO	Projektführung
Phase Konzept/Realisierung/Einführung		
Product Backlog	PO	Entwicklung Agil
Sprint Backlog	SM	Entwicklung Agil
Definition of Done	PO	Entwicklung Agil
Informatiksystem	ET	IT-System
Betriebshandbuch	ET	IT-Betrieb
Migrationsverfahren	PO	IT-Migration
Projektschlussbeurteilung	PL	Projektführung

Tabelle 1: Ergebnisse zur Variante „Simpel"

Ergebnisse zur Variante „Verschiedene Anwendergruppen"

Ergebnis	V	Modul
Phase Initialisierung		
Projektmanagementplan	PL	Projektführung
Studie	PL	Projektgrundlagen
Rechtsgrundlagenanalyse	PL	Projektgrundlagen
Schutzbedarfsanalyse	ISDSV	Projektgrundlagen
Projektauftrag	PL	Projektführung
Phase Konzept/Realisierung/Einführung		
Situationsanalyse	Arch	IT-System
Systemanforderungen	Arch	IT-System
Systemarchitektur	Arch	IT-System
Product Backlog	PO	Entwicklung Agil
Sprint Backlog	SM	Entwicklung Agil
Definition of Done	PO	Entwicklung Agil
Informatiksystem	ET	IT-System
Migrationskonzept	Arch	IT-Migration
Migrationsverfahren	PO	IT-Migration
Betriebshandbuch	ET	IT-Betrieb
Projektschlussbeurteilung	PL	Projektführung

Tabelle 2: Ergebnisse zur Variante „Verschiedene Anwendergruppen"

Ergebnisse zur Variante „Neue Technologie / Architektur"

Ergebnis	V	Modul
Phase Initialisierung		
Projektmanagementplan	PL	Projektführung
Studie	PL	Projektgrundlagen
Rechtsgrundlagenanalyse	PL	Projektgrundlagen
Schutzbedarfsanalyse	ISDSV	Projektgrundlagen
Initial Product Backlog	PO	Entwicklung Agil
Systemarchitektur	Arch	IT-System
Projektauftrag	PO	Projektführung
Phase Konzept/Realisierung/Einführung		
Product Backlog	PO	Entwicklung Agil
Sprint Backlog	SM	Entwicklung Agil
Definition of Done	PO	Entwicklung Agil
Informatiksystem	ET	IT-System
Betriebshandbuch	ET	IT-Betrieb
Migrationskonzept	Arch	IT-Migration
Migrationsverfahren	PO	IT-Migration
Projektschlussbeurteilung	PL	Projektführung

Tabelle 3: Ergebnisse zur Variante „Neue Technologie / Architektur"

Ergebnisse zur Variante „N Entwickler-Teams"

Ergebnis	V	Modul
Phase Initialisierung		
Projektmanagementplan	PL	Projektführung
Studie	PL	Projektgrundlagen
Rechtsgrundlagenanalyse	PL	Projektgrundlagen
Schutzbedarfsanalyse	ISDSV	Projektgrundlagen
Projektauftrag	PL	Projektführung
Phase Konzept/Realisierung/Einführung		
Situationsanalyse	Arch	IT-System
Systemanforderungen	Arch	IT-System
Systemarchitektur	Arch	IT-System
Product Backlog	PO	Entwicklung Agil
Sprint Backlog	SM	Entwicklung Agil
Definition of Done	PO	Entwicklung Agil
Informatiksystem	ET	IT-System
Migrationskonzept	Arch	IT-Migration
Migrationsverfahren	PO	IT-Migration
Betriebshandbuch	ET	IT-Betrieb
Projektschlussbeurteilung	PL	Projektführung

Tabelle 4: Ergebnisse zur Variante „N Entwickler-Teams"

Begriffe

Begriffe	Beschreibung
Iteration	Im Kontext dieses Leitfadens ist eine Iteration das Durchlaufen der HERMES-Phasen Konzept, Realisierung und Einführung.
Sprint	Synonym für eine Iteration respektive das einmalige Durchlaufen der HERMES- Phasen Konzept, Realisierung und Einführung.
Product Backlog	Eine Liste, in welcher Anforderungen und Tätigkeiten nach Priorität für das gesamte Projekt festgehalten werden. Dabei ist der oberste Eintrag in der Liste das am höchsten priorisierte Element.
Sprint Backlog	Eine Liste, in welcher Anforderungen und Tätigkeiten nach Priorität für einen Sprint festgehalten werden. Dabei ist der oberste Eintrag in der Liste das am höchsten priorisierte Element. Im Idealfall beträgt der Aufwand zum Erledigen eines Elementes maximal ein Tag.
Burndown Chart	Performance-Messung eines Teams während eines Sprints.
Impediment Backlog	Liste mit Hindernissen, welche während des Projekts aufgetreten sind und den Erfolg des Projektes gefährden.
Timeboxing	Prinzip, nach dem für alle Aktivitäten ein Zeitrahmen definiert wird, der nicht überschritten werden darf. Ist der Zeitrahmen erreicht, wird die Aktivität konsequent abgebrochen.
User Stories	Eine Form, um Anforderungen festzuhalten. Dabei werden die Anforderungen nach einer Schablone formuliert.
Definition of Done (DoD)	In der Definition of Done wird festgehalten, welche Voraussetzungen beim Review Meeting erfüllt sein müssen, damit die Funktionalität vom Product Owner abgenommen wird.
Rollen	**AG** Auftraggeber **AnwV** Anwendervertreter **Arch** IT-Architekt **BetrV** Betriebsverantwortlicher **Entw** Entwickler **ISDSV** Informationssicherheits- und Datenschutzverantwortlicher **PL** Projektleiter **PO** Product Owner **SM** Scrum Master **ET** Entwicklungs-Team **Tst** Tester

www.ingramcontent.com/pod-product-compliance
Lightning Source LLC
Chambersburg PA
CBHW041116180526
45172CB00001B/278